새 교과서에 따른 예쁘고 바른 글씨
국어교과서

한글쓰기와 국어활동

3~4학년군
3-2

한글쓰기와 국어활동의 특징

　어린이들이 글씨 쓰는 순서를 바르게 배울 수 있도록 구성하였습니다. 어린이들이 자음과 모음의 조합에 의해 소리가 형성되는 원리를 스스로 깨달아 복잡한 글자도 자연스럽게 읽고 쓸 수 있도록 구성하였습니다.

　연한 글씨 위에 덮어쓰기 연습을 충분히 하여 어린이들이 바르게 글씨 쓰는 습관이 되도록 하였습니다.

　학습에 흥미를 유발하고 효과를 높이기 위하여 실물 사진과 그림을 충분하게 넣어 흥미롭게 익히며 각 페이지를 차근차근 넘겨가면서 학습하다보면 자신도 모르게 반복하게 되어 저절로 익혀지고 바르고 예쁘게 쓸 수 있도록 구성하였습니다.

본 책은 (주)미래엔 제작 교육부에서 발행한 국어㉮㉯ 국어활동의 교과서를 참고하여 엮어 발행하였습니다.

글씨를 잘 쓰려면....

　글씨를 잘 쓰려면 많이 써야하고 많이 보아야 하며 많이 읽어야 합니다. 자연스러운 마음으로 긴장하거나 흥분하는 일이 없도록 항상 평안을 유지해야 바르고 예쁘게 글씨를 쓸 수 있습니다.

　잘 쓴 글씨가 반듯한 글씨체만은 아니지만 반듯하게 쓰려는 노력은 글씨를 잘 쓰기 위한 필수적인 것입니다. 자간(글자 사이의 간격이나 띄어쓰기)이 분명하게 그리고 필기 속도가 느리고 또박또박 쓰기 연습이 필요합니다.

 책상에 앉아서 바른 자세로 글씨 쓰기 습관을 갖도록 해 봅시다.

엄지손가락과 집게손가락으로 연필을 잡고 가운뎃손가락으로 연필을 받쳐 쓰세요.

공책을 반듯하게 펴세요.

팔꿈치를 앞으로 내밀거나 몸을 옆으로 기울지 않습니다.

고개를 너무 숙이지 마세요.

등을 곧게 펴고 앉으며 공책과 눈의 거리는 약 30cm 정도가 되게 하세요.

허리를 펴고 앉으세요.

엉덩이가 의자 맨 뒤까지 닿도록 앉으세요.

선생님의 말씀을 잘 듣고, 연필을 바르게 잡아 봅시다.

연필을 가운뎃손가락으로 받치고, 엄지손가락과 집게손가락을 모아 잡습니다.

연필과 바닥의 각도는 옆으로 보아 약 50° 정도가 되면 적당합니다.

연필을 너무 세우지 않습니다.

적당한 힘을 주어 잡습니다.

연필깎은 곳 바로 윗부분을 잡습니다.

 다음 그림에서 어떤 자세가 바른 자세인지 살펴 봅시다.

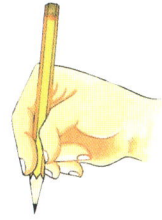
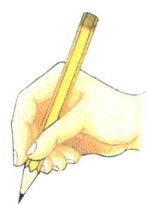

한글쓰기와 국어활동 학습법

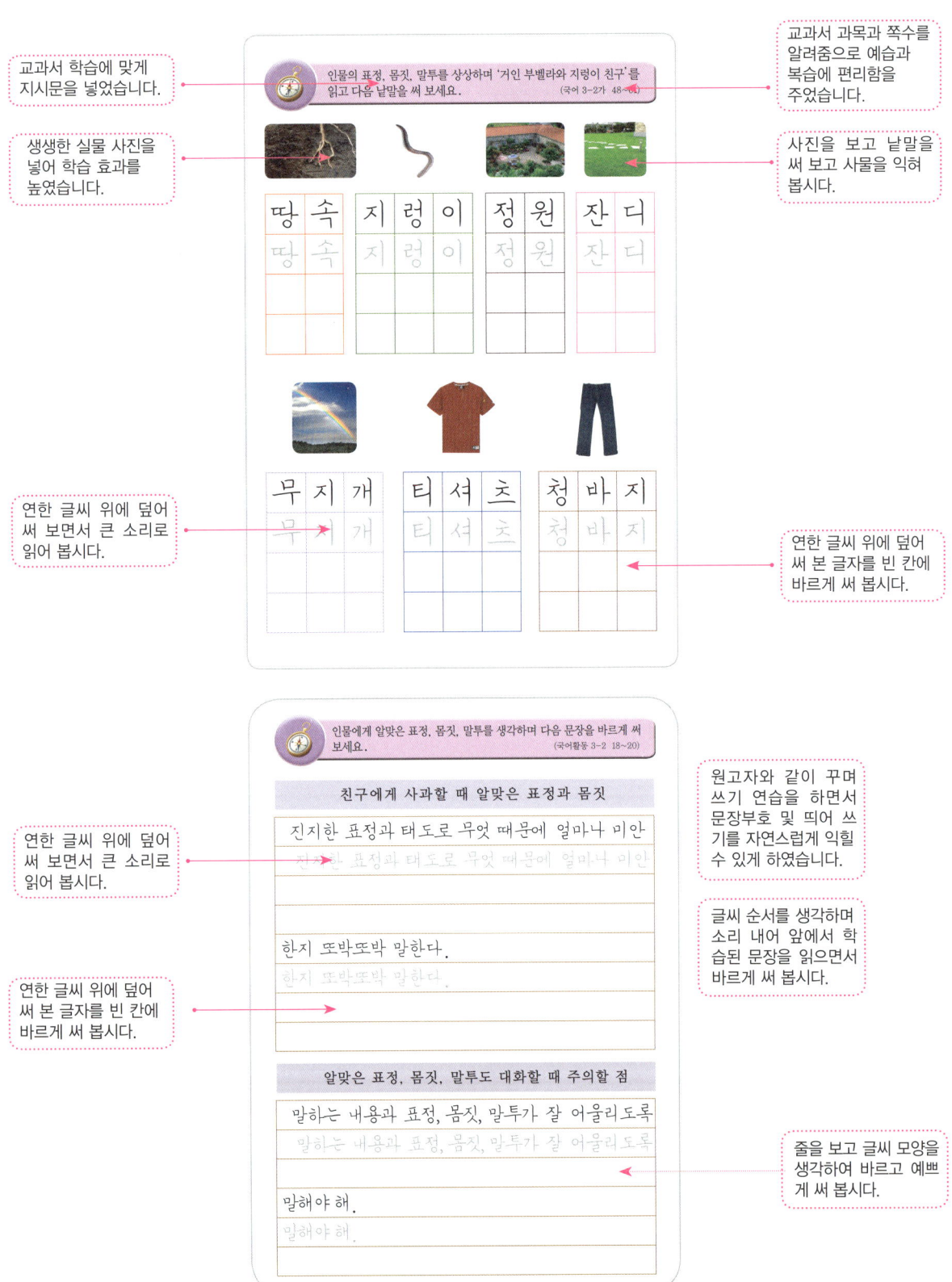

한글쓰기와 국어활동

차례

학습도우미

한글쓰기와 국어활동 학습법 ……………… 8

3-2 가

1. 작품을 보고 느낌을 나누어요 …… 11

2. 중심 생각을 찾아요 ………………… 21

3. 자신의 경험을 글로 써요 ………… 41

4. 감동을 나타내요 …………………… 51

3-2 나

5. 바르게 대화해요 ……………………………… 63

6. 마음을 담아 글을 써요 …………………… 73

7. 글을 읽고 소개해요 ………………………… 83

8. 글의 흐름을 생각해요 ……………………… 95

9. 작품 속 인물이 되어 ………………………… 113

1

작품을 보고 느낌을 나누어요

**인물에게 알맞은 표정, 몸짓, 말투를
생각하며 작품을 감상해 봅시다.**

1. 만화 영화를 보고 표정, 몸짓, 말투의 특징을 알아봅시다.
2. 인물의 말과 행동을 살피며 만화 영화를 감상해 봅시다.
3. 인물에게 알맞는 표정, 몸짓, 말투를 생각하며 작품을 읽고 대화해 봅시다.
4. 이야기 극장을 만들어 봅시다.

장금이가 처한 상황을 생각하며 상황에 알맞은 장금이의 마음과 표정, 몸짓, 말투를 써 보세요. (국어 3-2가 40~43)

처음으로 수라간 상궁을 보는 장면

마음
놀라움과 호기심을 느낌.

표정
눈을 크게 뜨고 입을 벌리며

몸짓
몸을 앞으로 기울이며

말투
높고 빠른 목소리로

장금이가 처한 상황을 생각하며 상황에 알맞은 장금이의 마음과 표정, 몸짓, 말투를 써 보세요.   (국어 3-2가 40~43)

시험을 볼 수 있다는 소식을 듣고 뒷산에 홀로 올라가는 장면

마음
궁으로 가게 된 것이 무척 기쁨.

표정
눈물을 글썽이며

몸짓
두 손에 힘을 꼭 주며

말투
느리고 굵은 목소리로

 장금이가 처한 상황을 생각하며 상황에 알맞은 장금이의 마음과 표정, 몸짓, 말투를 써 보세요. (국어 3-2가 40~43)

강아지 때문에 국수를 쏟아 꾸중을 듣는 장면

마음

꾸중을 들어 속상함과 미안함.

표정

눈썹을 찡그리고 입을 다물며

몸짓

뒷짐을 지며

말투

가늘고 떨리는 목소리로

 장금이의 표정, 몸짓, 말투를 생각하며 다음 낱말을 써 보세요.

(국어 3-2가 40~43)

수	라	간
수	라	간

상	궁	궁
상	궁	궁

강	아	지
강	아	지

뒷	산

국	수

꾸	중

마	음

표	정

몸	짓

말	투

상	황

 인물의 표정, 몸짓, 말투를 상상하며 '거인 부벨라와 지렁이 친구'를 읽고 다음 낱말을 써 보세요.
(국어 3-2가 48~61)

땅	속	지	렁	이	정	원	잔	디
땅	속	지	렁	이	정	원	잔	디

무	지	개	티	셔	츠	청	바	지
무	지	개	티	셔	츠	청	바	지

인물의 표정, 몸짓, 말투를 상상하며 '거인 부벨라와 지렁이 친구'를 읽고 다음 낱말을 써 보세요. (국어 3-2가 48~61)

야구 모자

정원사

접시 식탁 나뭇잎 파리

인물의 표정, 몸짓, 말투를 상상하며 '거인 부벨라와 지렁이 친구'를 읽고 다음 낱말을 써 보세요.

(국어 3-2가 48~61)

약초

정글

성냥갑

상자

덩실덩실

진흙파이

바나나케이크

지독한

표정, 몸짓, 말투에 주의하며 말할 때 좋은 점을 생각하고 다음 문장을 바르게 써 보세요.

(국어활동 3-2 18~20)

다른 사람의 기분을 생각하며 자신의 생각이나

느낌을 전달할 수 있다.

자신의 생각을 더 정확하게 전달할 수 있다.

자신의 느낌을 더 실감 나게 전달할 수 있다.

 인물에게 알맞은 표정, 몸짓, 말투를 생각하며 다음 문장을 바르게 써 보세요. (국어활동 3-2 18~20)

친구에게 사과할 때 알맞은 표정과 몸짓

진지한 표정과 태도로 무엇 때문에 얼마나 미안

한지 또박또박 말한다.

알맞은 표정, 몸짓, 말투로 대화할 때 주의할 점

말하는 내용과 표정, 몸짓, 말투가 잘 어울리도록

말해야 해.

2

중심 생각을 찾아요

글을 읽고 중심 생각을 말해 봅시다.

1. 아는 내용이나 겪은 일과 관련지어 글을 읽어 봅시다.
2. 글을 읽고 중심 생각을 찾는 방법을 알아봅시다.
3. 글을 읽고 중심 생각을 찾아 봅시다.
4. 알고 싶은 내용이 담긴 글을 읽고 간추려 발표해 봅시다.

설날의 전통 놀이를 생각해 보고 다음 낱말을 바르게 써 보세요.

(국어3-2가 68)

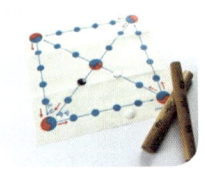  

윷놀이

널뛰기

씨름

    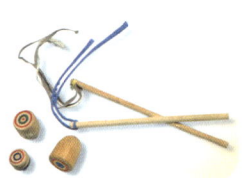

제기 그네 연 활 팽이

'꼬마야 꼬마야, 줄넘기' 노래를 불러 보며 줄넘기한 경험을 생각하고 다음 문장을 써 보세요.

(국어 3-2가 69)

꼬마야 꼬마야 뒤로 돌아라.

꼬마야 꼬마야 땅을 짚어라.

꼬마야 꼬마야 만세를 불러라.

꼬마야 꼬마야 잘 가거라.

'과일, 알고 먹으면 더 좋아요'를 읽고 다음 낱말과 문장을 써 보세요.

(국어활동 3-2 22~25)

사	과
사	과

사과를 많이 먹으면 살갗도 부드러워

사과를 많이 먹으면 살갗도 부드러워

지고 잇몸도 튼튼해진답니다.

지고 잇몸도 튼튼해진답니다.

배
배

배는 즙이 많아서 맛이 시원하지요. 배를

김치에 넣으면 김치 맛을 시원하게 해줘요.

또 기침감기에 걸렸을 때, 소화가 잘 안될 때

약으로 쓰기도 해요.

'과일, 알고 먹으면 더 좋아요'를 읽고 다음 낱말과 문장을 써 보세요.

(국어활동 3-2 22~25)

복	숭	아
복	숭	아

설탕을 넣고 졸여서 통조림이나

잼으로 만들어 먹기도 해요. 복숭아

씨는 약으로도 쓴답니다. 기침이

많이 나거나 가래가 생겼을 때 복

숭아씨를 갈아서 먹어요.

포	도
포	도

포도를 따서 으깨면 즙이 나오는데

이 즙을 오래 두면 술이 되지요. 또 잼

이나 젤리를 만들거나, 말려서 건포도

를 만들기도 해요.

'과일, 알고 먹으면 더 좋아요'를 읽고 다음 낱말과 문장을 써 보세요.

(국어활동 3-2 22~25)

대	추
대	추

대추는 그냥 먹기도 하지만 말려서 떡이

나 약밥에도 넣어요. 과일 가운데 으뜸

으로 쳐요. 또 약으로도 써요. 많이 먹으

면 오줌이 잘 나오고 몸도 튼튼해져요.

| 감 |
| 감 |
| |
| |

감은 껍질을 벗긴 뒤에 말려서 곶감

을 만들어 먹기도 해요. 단감은 홍시가

되기 전에 맛이 달아요.

'과일, 알고 먹으면 더 좋아요'를 읽고 다음 낱말과 문장을 써 보세요.

(국어활동 3-2 22~25)

밤
밤

 밤은 제사상에서 빠질 수 없는 과일

이에요. 정월 대보름이 되면 밤이나 잣이

나 땅콩이나 호두를 깨물어 먹는 풍습이있어

요. 정월 대보름에 먹는 딱딱한 과일을

부럼이라고 해요.

땅	콩	잣	호	두	통	조	림	잼

'축복을 전해 주는 참새'를 읽어 보고 글의 중심을 생각하며 다음 낱말을 바르게 써 보세요.

(국어활동 2-2 26~29)

| 참새 | 곡식 | 농부 | 수수밭 |

   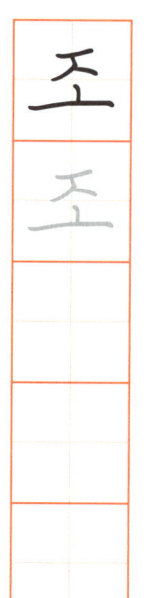 

| 병풍 | 허수아비 | 조화가 |

 낱말의 표기에 주의하며 다음 낱말과 문장을 바르게 써 보세요.

• 서로 반대되는 낱말 •

펴다 → 접다

앉다 → 서다

• 준말로 표현하는 낱말 •

춤을 추었다니 → 췄다니

알려 주어 → 알려 줘

닭을 닭장에 가두었다. → 가뒀다

동생과 간식을 나누어 먹었다. → 나눠

도서관에서는 목소리를 낮추어 말해야 한다. → 낮춰

'안전하게 과학 실험을 해요'를 읽고 다음 문장을 바르게 써 보세요.

(국어 3-2가 72~75)

- 안전하게 과학 실험을 하려면 과학 실험 안전 수칙을 확인하고 실천해 안전사고의 위험을 줄여야겠습니다.

과학 실험 안전 수칙

선생님께서 계시지 않을 때에는 과학 실험을

선생님께서 계시지 않을 때에는 과학 실험을

하지 않습니다.

하지 않습니다.

　　과학실에는 조심히 다루어야 할 실험기구와 위험한 화학 약품이 많습니다. 선생님의 말씀에 따라 실험 기구나 화학 약품을 다루어야 사고가 나는 것을 예방할 수 있습니다.

'안전하게 과학 실험을 해요'를 읽고 다음 문장을 바르게 써 보세요.

(국어 3-2가 72~75)

과학실에서는 절대 장난을 치면 안 됩니다.

과학실에서는 절대 장난을 치면 안 됩니다.

　과학실에는 깨지기 쉽거나 위험한 실험 기구가 많습니다. 장난을 치다가 유리로 만든 실험 기구가 깨지면 날카로운 유리 조각이 생겨 이 유리 조각에 사람이 다칠 수 있습니다. 또 장난을 치다가 알코올 램프가 바닥에 떨어지면 과학실에 화재가 발생할 수도 있습니다.

실험할 때 책상에 바짝 다가가지 않습니다.

실험할 때 책상에 바짝 다가가지 않습니다.

　실험하다가 만약 실험 기구가 넘어지면 깨진 기구의 조각이나 기구 속 화학 약품이 주변에 튈 수 있습니다. 이때 책상에 바짝 다가가 앉아 있으면 다칠 수가 있습니다.

'갯벌을 보존해야 하는 까닭'을 읽고 다음 낱말을 바르게 써 보세요.

(국어 3-2가 76~81)

| 갯벌 | 썰물 | 바닷가 | 밀물 |

   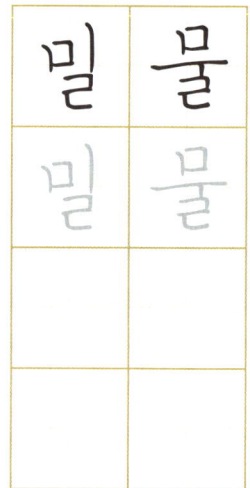

| 조개 | 게 | 갯지렁이 | 철새 |

'갯벌을 보존해야 하는 까닭'을 읽고 다음 낱말을 바르게 써 보세요.

(국어 3-2가 76~81)

낙지

양식

말뚝망둑어

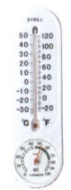

농게

빗물

온도

습도

'갯벌을 보존해야 하는 까닭'을 읽고 다음 문장을 바르게 써 보세요.
(국어 3-2가 76~81)

갯벌은 다양한 생물이 살 수 있는 장소입니다.

어민들은 갯벌에서 수산물을 키우고 거두어

돈을 법니다.

갯벌은 육지에서 나오는 오염 물질을 분해해

좋은 환경을 만듭니다.

'갯벌을 보존해야 하는 까닭'을 읽고 다음 문장을 바르게 써 보세요.
(국어 3-2가 76~81)

갯벌은 기후를 조절하고 홍수를 줄여 주는 역할을 합니다.

갯벌의 환경은 특별하고 다양합니다. 갯벌과 그 속에 사는 여러 생물은 자연과 사람을 위해 좋은 역할을 많이 합니다. 그러므로 갯벌은 쓸모 없는 땅이 아니라 우리와 함께 살아가는 소중한 장소입니다.

 계절별로 날씨와 관련된 낱말을 떠올려 보고 '날씨를 나타내는 토막이말'을 읽고 다음 낱말을 바르게 써 보세요. (국어 3-2가 82~94)

봄

꽃	샘	추	위
꽃	샘	추	위

꽃	샘	바	람
꽃	샘	바	람

소	소	리	바	람
소	소	리	바	람

여름

무	더	위
무	더	위

마	른	장	마
마	른	장	마

불	볕	더	위
불	볕	더	위

계절별로 날씨와 관련된 낱말을 떠올려 보고 '날씨를 나타내는 토막이말'을 읽고 다음 낱말을 바르게 써 보세요.

(국어 3-2가 82~94)

가을

건들바람

무서리

된서리

겨울

진눈깨비

함박눈

가랑눈

도둑눈

'날씨를 나타내는 토박이말'에 나오는 낱말 사이의 관계를 알아보고 다음 낱말을 바르게 써 보세요.

(국어 3-2가 82~89)

서로 뜻이 반대인 낱말

같	다
같	다

다	르	다
다	르	다

서로 뜻이 반대인 문장

나는 마을 도서관이

어디인지 알아.

덥	다
덥	다

춥	다
춥	다

나는 마을 도서관

어디인지 몰라.

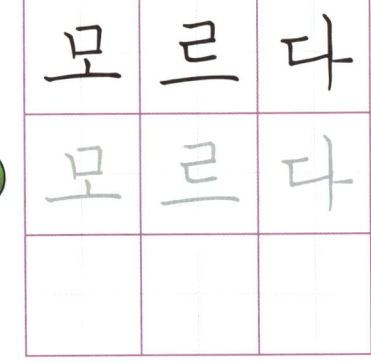

 옛날과 오늘날의 생활 모습을 알아보고 '옷차림이 바뀌었어요'를 읽고 다음 낱말을 바르게 써 보세요.

(국어 3-2가 90~95)

| 한 | 복 | | 양 | 복 | | 명 | 절 | | 결 | 혼 | 식 |

| 저 | 고 | 리 | | 조 | 끼 | | 마 | 고 | 자 |

 옛날과 오늘날의 생활 모습을 알아보고 '옷차림이 바뀌었어요'를 읽고 다음 낱말을 바르게 써 보세요.

(국어 3-2가 90~95)

두루마기

속바지

치마

삼베

모시

무명

비단

자신의 경험을 글로 써요

인상 깊은 경험을 글로 써 봅시다.

1. 자신의 경험에서 인상 깊은 일을 글로 쓰는 방법을 알아봅시다.
2. 인상 깊은 일로 글 쓰기를 해 봅시다.
3. 자신이 쓴 글을 고쳐 써 봅시다.
4. 우리 반 소식지를 만들어 봅시다.

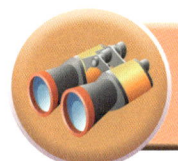

기억에 남는 일을 떠올려 보고 다음 문장을 바르게 써 보세요.

(국어 3-2가 98~101)

수영하기	축구하기	갯벌 체험
수영하기	축구하기	갯벌 체험

즐거운 운동회	그림 그리기	피자 만들기
즐거운 운동회	그림 그리기	피자 만들기

'동생이 아파요'를 읽고 띄어쓰기를 어떻게 해야 할지 알아보고 다음 문장을 바르게 써 보세요. (국어 3-2가 104~107)

주혁이가 눈물이 그렁그렁한 얼굴로

말했다.

'아이고 배야.'

마음이 아팠다. 동생이 얼른 나았으면

좋겠다.

이번 가을에만 두 번째네.

'동생이 아파요'를 읽고 띄어쓰기를 어떻게 해야 할지 알아보고 다음 문장을 바르게 써 보세요.　　　(국어 3-2가 104~107)

하늘이 맑고 푸르다.

하늘이 맑고 푸르다.

우정은 예쁘게 가꿀수록 좋다.

우정은 예쁘게 가꿀수록 좋다.

책을 읽으면 지식이 쌓인다.

책을 읽으면 지식이 쌓인다.

 겪은 일을 생각하며 '현장 체험학습 가는 날'을 읽고 다음 낱말을 바르게 써 보세요.

(국어활동 3-2 30~31)

목장 　 피자 　 치즈 　 의자

체험장 　 밀가루 　 반죽

겪은 일을 생각하며 '현장 체험학습 가는 날'을 읽고 다음 낱말과 문장을 바르게 써 보세요. (국어활동 3-2 30~31)

조	몰	락	조	몰	락
조	몰	락	조	몰	락

신	바	람
신	바	람

우리는 피자와 치즈 만들기 체험장에 갔다.

학교에서 출발해서 시간이 흘러 드디어 목장에

도착했다. 도착하자마자 피자 만들기 체험장

에 들어갔다. 영상을 보고 나서 본격적으로 치

즈 만들기를 시작했다.

 자신이 쓴 글을 띄어쓰기에 맞게 고쳐 쓸 수 있는지 생각하며 다음 문장을 바르게 써 보세요. (국어활동 3-2 33~36)

아기 가오리를 보았다.

아기가 오리를 보았다.

아기가 오리를 보았다.

용돈 이만 원이 있다.

용돈이 만원이 있다.

용돈이 만원이 있다.

예쁜 손 수건으로 닦아.

예쁜 손수건으로 닦아.

예쁜 손수건으로 닦아.

 자신이 쓴 글을 띄어쓰기에 맞게 고쳐 쓸 수 있는지 생각하며 다음 문장을 바르게 써 보세요. (국어활동 3-2 33~36)

나물 좀 줘

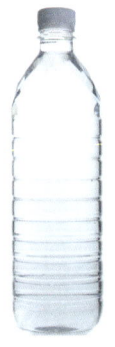

나 물 좀 줘.

나 물 좀 줘.

자연 보호를 위해 오늘 밤 나무를 심자.

자연 보호를 위해 오늘 밤나무를 심자.

자연 보호를 위해 오늘 밤나무를 심자.

나는친구들을사랑합니다.

나는 친구들을 사랑합니다.

나는 친구들을 사랑합니다.

 자신이 쓴 글을 띄어쓰기에 맞게 고쳐 쓸 수 있는지 생각하며 다음 문장을 바르게 써 보세요. (국어활동 3-2 33~36)

비빔냉면은매콤하고물냉면은시원하다.

비빔냉면은 매콤하고 물냉면은
비빔냉면은 매콤하고 물냉면은

시원하다.
시원하다.

예쁜신한켤레.

예쁜 신 한 켤레.
예쁜 신 한 켤레.

하늘은높고,단풍은붉게물든다.

하늘은 높고, 단풍은 붉게 물든다.
하늘은 높고, 단풍은 붉게 물든다.

 자신이 쓴 글을 띄어쓰기에 맞게 고쳐 쓸 수 있는지 생각하며 다음 문장을 바르게 써 보세요. (국어활동 3-2 33~36)

소아홉마리.

소 아홉 마리

열살

열 살

연필한자루

연필 한 자루

앓는 소리

그렁그렁

감동을 나타내요

감각적 표현의 재미를 느끼며 시나 이야기를
감상해 봅시다.

1. 시를 읽고 여러 가지 감각적 표현을 말해 봅시다.
2. 시를 읽고 재미나 감동을 나누어 봅시다.
3. 이야기를 읽고 생각이나 느낌을 표현해 봅시다.
4. 느낌을 살펴 시를 써 봅시다.

어떤 일이 일어났는지 생각하며 '별난 양반 이선달 표류기'를 읽어 보고 다음 낱말을 써 보세요.

(국어활동 3-2 42~54)

| 붓 | 수첩 | 돛대 | 키 | 난간 |

휘이잉

가물가물하다

슈우웅

싱글벙글

벌벌

어떤 일이 일어났는지 생각하며 '별난 양반 이선달 표류기'를 읽어 보고 다음 낱말을 써 보세요. (국어활동 3-2 42~54)

뱃	사	공
뱃	사	공

장	사	꾼
장	사	꾼

장	수
장	수

너	덜	너	덜
너	덜	너	덜

온	데	간	데
온	데	간	데

풍	랑
풍	랑

너	부	죽	이

까	부	라	져

밑	창

 어떤 일이 일어났는지 생각하며 '별난 양반 이선달 표류기'를 읽어 보고 다음 낱말을 써 보세요.

(국어활동 3-2 42~54)

뱃	머	리
뱃	머	리

눈	썹
눈	썹

솥	뚜	껑
솥	뚜	껑

껄	껄
껄	껄

할	딱	거	릴
할	딱	거	릴

두	리	번
두	리	번

목	말	라

에	헴

바	닷	물

어떤 일이 일어났는지 생각하며 '별난 양반 이선달 표류기'를 읽어 보고 다음 낱말을 써 보세요.

(국어활동 3-2 42~54)

초승달

반달

보름달

홀짝홀짝

신통방통

빳빳이

오르락내리락

대상을 감각적으로 표현해 보고 다음 낱말을 바르게 써 보세요.

(국어 3-2가 122~124)

꼬불꼬불	폭신폭신
꼬불꼬불	폭신폭신

물렁물렁	보들보들
물렁물렁	보들보들

요리조리	데굴데굴
요리조리	데굴데굴

뻥	왁자지껄
뻥	왁자지껄

대상을 감각적으로 표현해 보고 다음 낱말을 바르게 써 보세요.

(국어 3-2가 122~124)

동글동글	탱글탱글
동글동글	탱글탱글

매끈매끈	아삭아삭
매끈매끈	아삭아삭

새콤달콤	동그스름
새콤달콤	동그스름

일렁일렁	펄럭펄럭	거칠거칠
일렁일렁	펄럭펄럭	거칠거칠

시의 장면을 떠올리며 '감기'를 읽고 다음 낱말을 바르게 써 보세요.

(국어 3-2가 126~129)

뜨끈뜨끈

오들오들

느릿느릿

까무룩

거북이

불덩이

잠꾸러기

추운

 시에 나타난 감각적 표현을 생각하며 '지구도 대답해 주는구나'를 읽고 다음 낱말을 바르게 써 보세요. (국어 3-2가 130~133)

강	가

모	래	밭

두	더	지

옴	지	락

간	지	러	운

몸	짓

굼	질	굼	질

발	가	락

발	짓

인물의 마음을 생각하며 '진짜 투명 인간'을 읽고 다음 낱말을 바르게 써 보세요.

(국어 3-2가 134~149)

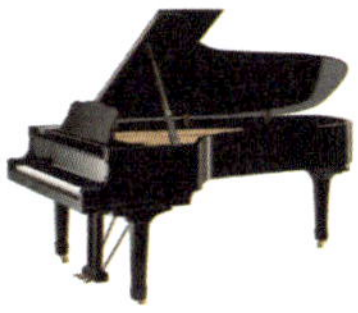

피	아	노
피	아	노

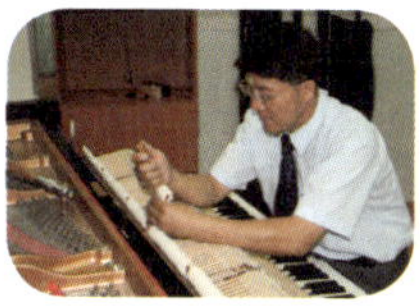

조	율	사
조	율	사

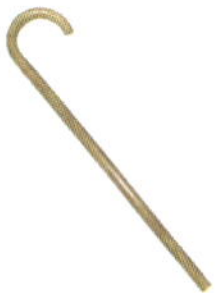

지	팡	이
지	팡	이

투	명
투	명

동	그	래	져
동	그	래	져

재	채	기
재	채	기

괴	로	운

핑	계

장	애	인

 인물의 마음을 생각하며 '진짜 투명 인간'을 읽고 다음 낱말을 바르게 써 보세요.

(국어 3−2가 134~149)

선글라스

유리잔

주스

연주

주방

피아니스트

인물의 마음을 생각하며 '진짜 투명 인간'을 읽고 다음 낱말을 바르게 써 보세요.

(국어 3-2가 134~149)

현	관	문
현	관	문

코	코	아
코	코	아

토	마	토
토	마	토

수	영	장
수	영	장

풀	밭
풀	밭

점	자	책
점	자	책

바르게 대화해요

언어 예절을 생각하며 바르게 대화해 봅시다.

1. 대상에 따라 알맞은 높임 표현을 사용해 말을 해 봅시다.
2. 전화할 때 바른 대화 예절을 알아봅시다.
3. 상황에 어울리는 표정, 몸짓, 말투로 대화해 봅시다.
4. 언어 예절에 맞게 역할놀이를 해 봅시다.

 전화할 때의 바른 대화 예절을 아는지 생각해 보고 다음 낱말을 바르게 써 보세요.

(국어활동 3-2 56~60)

전	화
전	화

준	비	물
준	비	물

줄	넘	기
줄	넘	기

숙	제
숙	제

피	구
피	구

책
책

회	사
회	사

대화 할 때 고려해야 할 점을 떠올리며 다음 낱말을 바르게 써 보세요.

(국어 3-2나 166~184)

솜사탕	풀	가위	주스
꾸중	당황	섭섭	기분
목적	상대	표정	몸짓

대화 할 때 고려해야 할 점을 떠올리며 다음 낱말을 바르게 써 보세요.
(국어 3-2 나 166~184)

학교 문구점 공항 축구

미술 물통 당번 공손

정확하고 구체적 상황

대화 할 때 고려해야 할 점을 떠올리며 다음 낱말을 바르게 써 보세요.
(국어 3-2 나 166~184)

| 운 | 전 |
| 운 | 전 |

| 음 | 식 |
| 음 | 식 |

| 금 | 요 | 일 |
| 금 | 요 | 일 |

| 안 | 전 |
| 안 | 전 |

| 공 | 공 | 장 | 소 |
| 공 | 공 | 장 | 소 |

| 작 | 은 |
| 작 | 은 |

| 목 | 소 | 리 |

| 멋 | 쟁 | 이 |

| 표 | 현 |

 전화할 때의 대화 예절을 알아보고, 다음 문장을 바르게 써 보세요.

(국어활동 3-2 56~58)

자신이 누구인지 밝히고 상대가 누구인지 확인합니다.

상대의 얼굴을 보지 않고 이야기하므로 더 공손 하게 말합니다.

상대의 상황을 헤아립니다.

공공장소에서는 작은 목소리로 말합니다.

 상황에 어울리는 표정, 몸짓, 말투를 생각해 보고 다음 문장을 바르게 써 보세요.

(국어활동 3-2 60)

상황

엄마, 오늘 학교에서 발표를 잘해서 칭찬받았어요.

몸짓
손뼉을 치며 기쁜 표정으로

정말 대견하구나 우리 아들 잘 했다.

아야!

말투
미안해하며 걱정하는 목소리로

괜찮니?

괜찮니?

표정
당황하며 울먹이는 표정으로

아 어쩌지? 책이 다 젖어 버렸어.

 언어 예절에 주의하며 표정, 몸짓, 말투가 어울리는지 생각해 보고 다음 문장을 바르게 써 보세요.

(국어 3-2나 181~185)

다녀오겠습니다.

와! 강이야. 너무 멋지다.

대화할 때에는 상대의 눈을 바라보며 주의 깊게 들어야 해요.

상대가 웃어른일 때에는 높임 표현을 사용해 대화해요.

 자신이 상황에 알맞은 표정, 몸짓, 말투로 대화했는지 스스로 확인해 보고 다음 문장을 바르게 써 보세요. (국어 3-2나 181~185)

상황에 어울리는 표정, 몸짓, 말투로 대화했다.

대상에 따라 알맞은 높임 표현을 사용해 대화했다.

언어 예절을 지키며 대화했다.

 자신이 상황에 알맞은 표정, 몸짓, 말투로 대화했는지 스스로 확인해 보고 다음 문장을 바르게 써 보세요. (국어활동 3-2 59)

• 다음 상황에서 두 가지의 반응을 보고 친구는 어떤 기분이 들었는지 써 봅시다.

친구가 국어 시간에 필요한 모둠 준비물을 가져오지 않았을 때

| 괜찮아. 내가 준비물을 더 가져왔으니까 나누어 쓰자. | 우리 모둠 준비물을 안 챙겨오면 어떡하니? 네가 책임져! |

| 미안하고 고마움. | 섭섭하고 짜증 남. |
| 미안하고 고마움. | 섭섭하고 짜증 남. |

6

마음을 담아 글을 써요

읽을 사람의 마음을 고려하며 자신의 생각을 글로 써 봅시다.

1. 이야기를 듣고 인물의 마음이 어떻게 변했는지 정리해 봅시다.
2. 이야기 속 인물의 마음을 헤아리며 글을 읽어 봅시다.
3. 읽을 사람을 생각하며 마음을 전하는 글을 써 봅시다.
4. 다른 사람에게 마음을 전하는 글을 써 봅시다.

 다른 사람에게 마음을 전해본 경험을 떠올리며 다음 낱말을 바르게 써 보세요.

(국어 3-2나 186~195)

친구	수학	학교	반찬
감정	카드	가족	행복
모습	평소	행동	마음

 다른 사람에게 마음을 어떻게 전하는지 알아보고 다음 문장을 바르게 써 보세요.

(국어 3-2나 191)

멈춰요.!

화가 났을 때에는 하고 싶은 말이 있어도 잠깐 멈출 수 있나요?

생각해요.!

말하기 전에 이 말을 하면 상대의 기분이 어떨지 생각할 수 있나요?

말해요.!

말할 때에는 상대의 마음을 헤아리며 자신의 생각과 마음을 말할 수 있나요?

 인물의 마음이 어떻게 변하는지를 생각해 보고 다음 문장을 바르게 써 보세요.

행복한 마음	화나는 마음	슬픈 마음
행복한 마음	화나는 마음	슬픈 마음

● 인물의 마음을 알 수 있는 방법을 알아보고 다음 문장을 바르게 써 보세요.

인물이 한 일이나 겪은 일을 찾아봐요.

인물이 한 일이나 겪은 일을 찾아봐요.

인물의 생각, 말이나 행동을 살펴봐요.

인물의 생각, 말이나 행동을 살펴봐요.

 다른 사람의 마음을 생각하며 마음을 전하는 글을 쓸 수 있는지 생각해 보고 다음 문장을 바르게 써 보세요. (국어활동 3-2 64~66)

| 시끄럽게 왜 우니? | 많이 우는 걸 보니 무척 슬픈가 보구나. |

| 에이, 뭐 그런일로 짜증을 내니? | 그렇게 짜증을 내는 걸 보니 그 일이 나를 많이 속상하게 했구나. |

| 네가 물통을 건드려서 그림을 망쳤잖아. | 네가 물통을 건드리는 바람에 그림을 망쳐서 내가 많이 속상해. |

다른 사람의 마음을 생각하며 마음을 전하는 글을 쓸 수 있는지 생각해 보고 다음 문장을 바르게 써 보세요. (국어활동 3-2 64~66)

너는 왜 그렇게 준비물을 안 가져오니?

▶

네가 준비물을 안 가져오면 내가 많이 걱정 돼.

네가 기뻐해 줘서 나도 기뻐.

네가 기뻐해 줘서 나도 기뻐.

너도 그림 그리는 걸 좋아하는 것 같은데, 우리

너도 그림 그리는 걸 좋아하는 것 같은데, 우리

함께 그려 볼까?

함께 그려 볼까?

다른 사람의 마음을 생각하며 마음을 전하는 글을 쓸 수 있는지 생각해 보고 다음 문장을 바르게 써 보세요. (국어활동3-2 64~66)

네가 도와줘서 고마워.

부탁을 들어주지 못해 내 마음이 아파.

- 읽을 사람을 생각하며 자신의 마음을 전하는 글을 쓰는 방법

어떤 일이 있었는지 사실대로 쓴다.

자신의 감정을 솔직하게 쓴다.

 다른 사람의 마음을 생각하며 마음을 전하는 글을 쓸 수 있는지 생각해 보고 다음 문장을 바르게 써 보세요. (국어활동 3-2 64~66)

• 자신의 마음을 전하는 글을 쓸 때 주의할 점

읽을 사람의 마음을 생각하며 읽을 사람의 기분이 상하지 않게 글을 쓴다.

자신의 마음을 표현하는 알맞은 말을 사용한다.

자신의 진심을 담아 글로 표현한다.

마음을 전하는 글을 쓸 때에는 알맞은 말을 사용해 진심을 담아 써요. 그리고 읽을 사람의 마음을 생각하며 글을 써요.

'꼴찌라도 괜찮아'를 읽어보고 어떤 일이 일어났는지 생각하며 다음 낱말을 바르게 써 보세요.

(국어 3-2나 196~203)

책가방

운동회

돌맹이

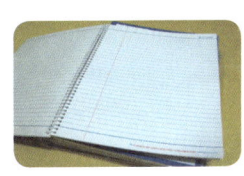

공책

연필

교문

청군

81

'꼴찌라도 괜찮아'를 읽어보고 어떤 일이 일어났는지 생각하며 다음 낱말을 바르게 써 보세요. (국어 3-2나 196~203)

백군

떡

화장실

배턴

이어달리기

제비뽑기

어리둥절

헐레벌떡

글을 읽고 소개해요

자신이 읽은 글을 다른 사람에게 소개해 봅시다.

1. 여러 가지 방법으로 책 소개를 해 봅시다.
2. 독서 감상문에 대해 알아봅시다.
3. 독서 감상문으로 우리 반을 꾸며봅시다.

 자신이 아는 국기를 생각하며 '온 세상 국기가 펄럭펄럭'을 읽고 다음 낱말을 바르게 써 보세요. (국어 3-2나 218~226)

월드컵   개막식   운동장

국기   무늬   색깔   물결

자신이 아는 국기를 생각하며 '온 세상 국기가 펄럭펄럭'을 읽고 다음 낱말을 바르게 써 보세요.

(국어 3-2나 218~226)

캐	나	다
캐	나	다

단	풍	잎
단	풍	잎

멕	시	코
멕	시	코

독	사
독	사

독	수	리
독	수	리

선	인	장
선	인	장

자신이 아는 국기를 생각하며 '온 세상 국기가 펄럭펄럭'을 읽고 다음 낱말을 바르게 써 보세요.

(국어 3-2나 218~226)

미국

나이아가라폭포

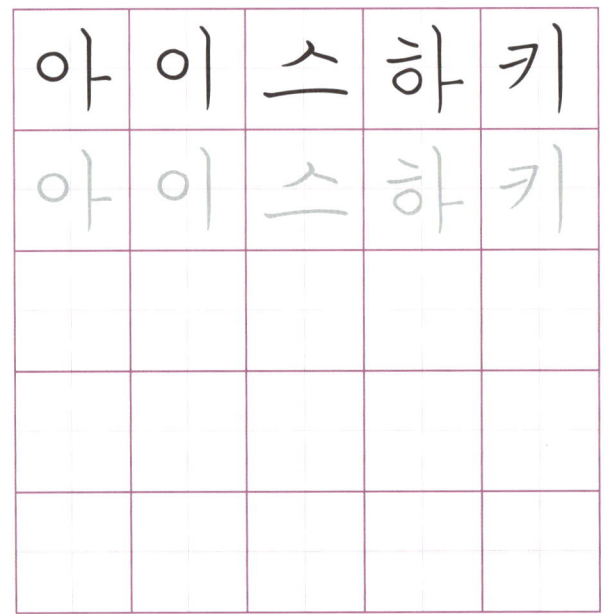

별

아이스하키

겨울

 자신이 아는 국기를 생각하며 '온 세상 국기가 펄럭펄럭'을 읽고 다음 낱말을 바르게 써 보세요. (국어 3-2나 218~226)

| 태 | 극 | 기 | 남 | 극 | 곰 | 땅 | 물 |
| 태 | 극 | 기 | 남 | 극 | 곰 | 땅 | 물 |

   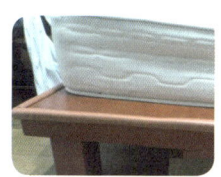

| 하 | 늘 | 우 | 주 | 불 | 모 | 서 | 리 |
| 하 | 늘 | 우 | 주 | 불 | 모 | 서 | 리 |

'산꼭대기에 열차가'를 읽고 여러 가지 방법으로 책을 소개 할 수 있는지 생각하며 다음 낱말을 바르게 써 보세요. (국어활동 3-2 68~78)

우산 골목길 학생 가방

경사진 비 내팽개치고

한바탕 깜짝 공터 위험

'산꼭대기에 열차가'를 읽고 여러 가지 방법으로 책을 소개 할 수 있는지 생각하며 다음 낱말을 바르게 써 보세요. (국어활동 3-2 68~78)

학교

산마루

오르막길

목소리

빗소리

번쩍

꾸중

우렛소리

주먹

'산꼭대기에 열차가'를 읽고 여러 가지 방법으로 책을 소개 할 수 있는지 생각하며 다음 낱말을 바르게 써 보세요. (국어활동 3-2 68~78)

번	개
번	개

천	둥
천	둥

괴	물
괴	물

기	관	차
기	관	차

추	측	해
추	측	해

상	상	력
상	상	력

정	체
정	체

거	무	튀	튀	한
거	무	튀	튀	한

성	큼	성	큼
성	큼	성	큼

'산꼭대기에 열차가'를 읽고 여러 가지 방법으로 책을 소개 할 수 있는지 생각하며 다음 낱말을 바르게 써 보세요. (국어활동 3-2 68~78)

굴뚝

콧수염

쇠바퀴

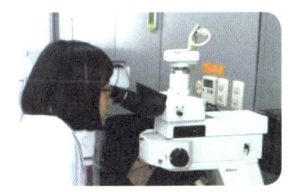

과학자

의사

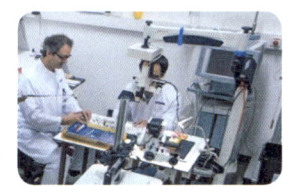

연구소

'산꼭대기에 열차가'를 읽고 여러 가지 방법으로 책을 소개 할 수 있는지 생각하며 다음 낱말을 바르게 써 보세요. (국어활동 3-2 68~78)

롤러코스터

영화

로켓

잠수함

바닷속

호기심

독서 감상문의 특징을 생각하며 '여러 가지 타악기'를 읽어 보고 다음 낱말을 바르게 써 보세요.

(국어활동 3-2 79)

트라이앵글

탬버린

심벌즈

팀파니

실로폰

독서 감상문의 특징을 생각하며 '여러 가지 타악기'를 읽어 보고 다음 낱말과 문장을 바르게 써 보세요.

(국어활동 3-2 79)

비	브	라	폰
비	브	라	폰

북
북

마	라	카	스
마	라	카	스

　티파니는 밑이 좁은 통에 막을 씌운 것인데 두드리면 일정한 소리를 낸다.

　마라카스는 마라카 리는 열매를 말려서 그 속에 말린 씨를 넣고 흔들어서 소리를 낸다.

글의 흐름을 생각해요

글의 흐름을 생각하며 내용을 간추려 봅시다.

1. 일하는 방법에 따라 내용을 파악하며 글을 읽어 봅시다.
2. 장소 변화에 따라 글의 내용을 간추려 봅시다.
3. 글의 흐름에 따라 내용을 간추려 써 봅시다.
4. 우리 지역을 소개하는 글을 써 봅시다.

 시간 흐름을 생각하며 '베짱베짱 베 짜는 베짱이'를 읽어 보고 다음 낱말을 바르게 써 보세요.

(국어 3-2나 240~245)

베	짱	이
베	짱	이

마	당
마	당

열	매
열	매

쥐
쥐

베	틀
베	틀

개	미
개	미

마	루
마	루

비	누
비	누

시간 흐름을 생각하며 '베짱베짱 베 짜는 베짱이'를 읽어 보고 다음 낱말을 바르게 써 보세요.

(국어 3-2나 240~245)

| 사과 | 풍선 | 화단 | 보물 |

| 날카로운 | 이빨 | 군침 |

| 침착하게 | 갉아먹은 | 마법 |

 일 하는 방법에 따라 내용을 파악하는 방법을 알아보고 다음 문장을 바르게 써 보세요. (국어활동 3-2 82~83)

차례를 나타내는 말과 차례와 관련된 중요한 내용을 파악해야 해.

시간을 나타내는 말을 찾아보고, 시간 흐름에 따라 장소나 사건이 어떻게 변했는지 확인해 봐.

 일 하는 방법에 따라 내용을 파악하는 방법을 알아보고 다음 문장을 바르게 써 보세요. (국어활동 3-2 82~83)

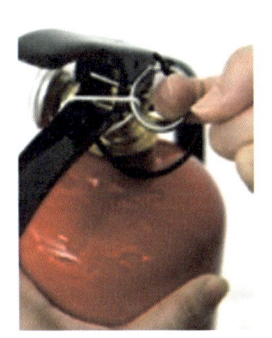

먼저, 소화기의 손잡이를 잡고
불이 난 곳으로 가져갑니다.

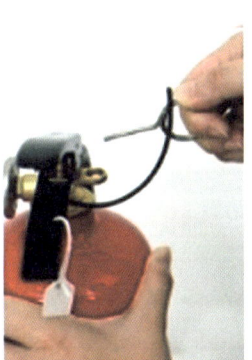

두 번째, 소화기 안전핀을 뽑습니다. 이때 손잡이를 누르면 안전핀이 빠지지 않으니 손잡이를 누르지 않습니다.

 일 하는 방법에 따라 내용을 파악하는 방법을 알아보고 다음 문장을 바르게 써 보세요. (국어활동 3-2 82~83)

세 번째, 바람을 뒤로 하고 소화기 호스를 불이 난 곳으로 향하게 잡습니다.

끝으로, 손잡이를 꽉 잡고 불을 향해 빗자루로 쓸듯이 소화제를 뿌립니다.

 시간 흐름을 생각하며 '숨 쉬는 도시 쿠리치바'를 읽어 보고 다음 낱말을 바르게 써 보세요. (국어활동 3-2 84~97)

자전거

풍선

보행자

자동차

전차

탁아소

 시간 흐름을 생각하며 '숨 쉬는 도시 쿠리치바'를 읽어 보고 다음 낱말을 바르게 써 보세요. (국어활동 3-2 84~97)

| 버스 | 쓰레기 | 벽화 | 등대 |

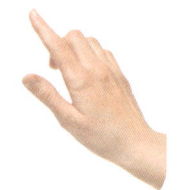  

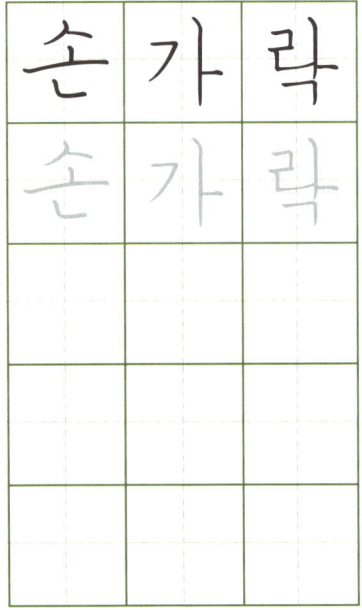

| 손가락 | 소나무 | 화가 |

 '숨 쉬는 도시 쿠리치바'를 읽고 다음 문장을 바르게 써 보세요.
(국어활동 3-2 84~97)

'꽃의 거리'에는 폐전차를 탁아소로 재활용한 곳이 있다.

쿠리치바 사람들은 도시 자체를 예술적인 작품이라고 생각한다.

시간	한 일
아침 	자전거 도로를 달려서 '꽃의 거리'로 갔다.
오후 	쿠리치바 시청에 갔다.

'숨 쉬는 도시 쿠리치바'를 읽고 다음 문장을 바르게 써 보세요.
(국어활동 3-2 84~97)

꽃의 거리

보행자 전용 도로를 걸었다.

보행자 전용 도로를 걸었다.

시청

혼자서 시청 청사를 구경했다.

혼자서 시청 청사를 구경했다.

시청앞 거리

아름다운 벽화를 구경했다.

아름다운 벽화를 구경했다.

쿠리치바는 담벼락이 미술관이네요! 정말 예뻐요.

쿠리치바는 담벼락이 미술관이네요! 정말 예뻐요.

 '세 가닥 땋기'를 읽고 일하는 방법과 차례를 생각하며 내용을 파악하여 다음 문장을 바르게 써 보세요 (국어 3-2나 246~251)

세 가닥 땋기

실 세 가닥을 나란히 폅니다.

왼쪽 빨간색 실을 가운데 파란색 실 위로 올립니다.

오른쪽 노란색 실을 가운데로 온 실 위에 올립니다.

다시 처음처럼 왼쪽으로 간 실을 가운데로, 오른쪽으로 간 실을 가운데로 올립니다. 이 방법을 계속 반복하면 실이 땋아집니다.

 '실 팔찌 만들기'를 읽고 일하는 방법과 차례를 생각하며 다음 문장을 바르게 써 보세요.

실 팔찌 만들기

서로 다른 색깔 실 세 가닥을 함께 잡고 매듭을 짓습니다.

셀로판테이프로 매듭 위쪽을 책상에 붙입니다.

실 세 가닥을 잡고 세 가닥 땋기를 합니다.

땋은 실 끝 쪽에 매듭을 짓습니다.

양쪽 끝을 연결합니다.

 감기약을 먹을 때 주의할 점을 생각하며 '감기약 먹는 방법'을 읽고 다음 문장을 바르게 써 보세요. (국어활동 3-2나 250~251)

병원에서 의사와 상담한 뒤 증세에 맞는 감기약을
처방 받습니다.

의사가 처방한 날짜만큼 먹어야 합니다.

먹는 시간과 정해진 양만큼 먹어야 합니다.

감기에 걸리지 않게 예방하는 것도 중요합니다.

 장소 변화에 따라 글의 내용 간추리기를 생각하며 다음 낱말을 바르게 써보세요.

(국어 3-2나 252~255)

| 고인돌 |
| 고인돌 |
| |
| |

| 박물관 |
| 박물관 |
| |
| |

| 저수지 |
| 저수지 |
| |
| |

| 시간 흐름 |
| 시간 흐름 |
| |

| 장소 변화 |
| 장소 변화 |
| |

| 일 차례 |
| 일 차례 |
| |

| 원인과 결과 |
| 원인과 결과 |
| |

장소 변화에 따라 글의 내용 간추리기를 생각하며 다음 낱말을 바르게 써보세요.

(국어 3-2나 252~255)

유인원관	아프리카관	낙타관
유인원관	아프리카관	낙타관

대동물관	큰물새장	야행관
대동물관	큰물새장	야행관

호주관	곤충관	열대 조류관
호주관	곤충관	열대 조류관

시간 흐름과 장소 변화를 생각하며 '즐거운 직업 체험'을 읽어 보고 다음 낱말을 바르게 써 보세요.

(국어활동 3-2나 256~262)

소방서

방송국

학교

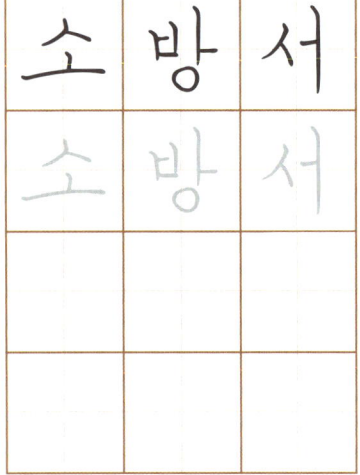
신문사

마트

병원

은행

 시간 흐름과 장소 변화를 생각하며 '즐거운 직업 체험'을 읽어 보고 다음 낱말을 바르게 써 보세요.

(국어활동 3-2나 256~262)

제	빵	소
제	빵	소

정	비	소
정	비	소

호	텔
호	텔

관	세	청
관	세	청

공	항
공	항

경	찰	서
경	찰	서

충청북도 괴산군의 특산물 한지를 만드는 방법을 일 차례대로 정리하는 내용의 문장을 바르게 써 보세요. (국어활동 3-2나 263~267)

한지를 만드는 방법

① 닥나무 자르기

② 껍질 벗기기

③ 껍질 삶기

④ 껍질 씻기

⑤ 껍질 두드리기

⑥ 닥풀 풀기

⑦ 발로 한지 뜨기

⑧ 한지 말리기

⑨ 완성된 한지

9

작품 속 인물이 되어

글을 읽고 인물의 말과 행동을 실감 나게 표현해 봅시다.

1. 인물의 성격을 생각하며 극본을 소리 내어 읽어 봅시다.
2. 알맞은 표정, 몸짓, 말투를 생각하며 극본을 읽어 봅시다.
3. 연극 준비를 해 봅시다.
4. 우리 반 연극 발표회를 해 봅시다.

인물의 마음을 생각하며 '대단한 줄다리기'를 읽고 다음 낱말을 바르게 써 보세요.

(국어 3-2나 272~277)

산토끼　밧줄　하마　파리

덤불숲　영양　코끼리

 인물의 성격을 생각하며 앞으로 일어날 일을 상상하며 '토끼의 재판'을 읽고 다음 낱말을 바르게 써 보세요. (국어 3-2나 278~296)

호랑이 궤짝 사냥꾼

나그네 사슴 토끼 문짝

 인물의 성격을 생각하며 '은혜 갚은 개구리'를 읽어보고 다음 낱말을 바르게 써 보세요.

(국어활동 3-2 98~103)

함	지	박
함	지	박

개	구	리
개	구	리

쌀	자	루
쌀	자	루

농	부
농	부

개	울	가
개	울	가

바	가	지
바	가	지

 인물의 성격을 생각하며 '은혜 갚은 개구리'를 읽어보고 다음 낱말을 바르게 써 보세요.

(국어활동 3-2 98~103)

한숨을 쉬며	궁금한 듯이
한숨을 쉬며	궁금한 듯이

혼잣말로	깜짝 놀라며
혼잣말로	깜짝 놀라며

진지한 표정으로	기뻐하며
진지한 표정으로	기뻐하며

합창하며	미안한 표정으로
합창하며	미안한 표정으로

 '은혜 갚은 개구리'에서 개구리와 농부의 아내의 마음, 말투를 생각하며 다음 문장을 써 보세요. (국어활동 3-2 98~103)

"농부님 고맙습니다!
농부님, 고맙습니다!"

"이 바가지는 뭐예요?
당장 먹을 것도 없는
데……."

고마운 마음	실망한 마음
고마운 마음	실망한 마음

밝고 희망적인 말투	걱정되는 말투
밝고 희망적인 말투	걱정되는 말투

알맞은 표정, 몸짓, 말투를 생각하며 '눈'을 읽어보고 다음 문장을 바르게 써 보세요.
(국어활동 3-2 104~113)

훨씬 예뻐져!

하얀 눈꽃

너무나 신났어요.

춤을 추며

"제발 눈이 멈췄으면 좋겠어!"

"내가 싫다고? 도대체 누구지?"

알맞은 표정, 몸짓, 말투를 생각하며 '눈'을 읽어보고 다음 문장을 바르게 써 보세요.

(국어활동 3-2 104~113)

옛날옛날, 눈은 자기가 최고라고 생각했어요.

세상 모두가 자기를 좋아한다고 믿었지요.

"모두 나와 함께 놀고 싶어 해! 내가 땅에 내려가기만 하면

모두 뛰어나와서 나를 반겨 주잖아?"

"내가 내려가기만 하면 세상이 훨씬 예뻐져! 아무리 더러운

것도 하얗게 덮어 주고, 나뭇가지마다 하얀 눈꽃도 피우고

알맞은 표정, 몸짓, 말투를 생각하며 '눈'을 읽어보고 다음 문장을 바르게 써 보세요.

(국어활동 3-2 104~113)

……. 하하하!"

눈은 세상에 내려오는 일이 너무나 신났어요.

그래서 늘 랄랄라 노래를 부르고 춤을 추며 내려왔답니다.

"휴, 먼 곳에 살고 있는 토끼들에게 가야 하는데 눈이 너무

많이 오네. 발도 시리고 길도 보이질 않고 ……. 이제 눈이 그

만 왔으면 좋겠어 ……."

 알맞은 표정, 몸짓, 말투를 생각하며 '눈'을 읽어보고 다음 문장을 바르게 써 보세요.

눈은 믿을 수가 없었어요.

'세상에, 어떻게 나를 싫어한단 말이야? 나만 보면 모두 신

이 나서 즐거워하는데 ……. 나만 내리면 세상이 다 깨끗하

고 예뻐지는데…….'

"친구야, 미안 하지만 잠깐 멈춰 주렴. 착한 토끼가 친구들에

게 갖다 줄 홍당무를 나르고 있단다. 눈이 너무 많이 오면

알맞은 표정, 몸짓, 말투를 생각하며 '눈'을 눈을 읽어보고 다음 문장을 바르게 써 보세요.

(국어활동 3-2 104~113)

힘들잖니."

눈은 달님 얘기에 깜짝 놀랐습니다.

"그럴 리가 없어요, 달님! 이 세상에 나를 싫어하는 건 없어

요. 이 세상에 나보다 예쁜 건 없단 말이에요!"

눈은 화가 나서 마구 소리쳤어요.

그때부터 눈은 노래를 부르지 않고 소리 없이 내렸어요.

알맞은 표정, 몸짓, 말투를 생각하며 '눈'을 읽어보고 다음 문장을 바르게 써 보세요.

(국어활동 3-2 104~113)

혹시 자기 때문에 힘들어하는 친구들이 있을까 봐서, 또

노랫 소리 때문에 잠 못 자는 친구들이 있을까 봐서요.

그래서 눈은 춤을 추며 내리다가도 산에 들에 조용히 내려

앉는다고 해요.

더구나 밤에 내리는 눈은 아무도 모르게 조용히조용히

내려 오지요.

글씨 쓰기

 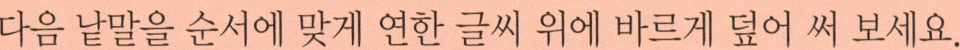
다음 낱말을 순서에 맞게 연한 글씨 위에 바르게 덮어 써 보세요.

| 높 | 고 | | 빠 | 른 | | 학 | 생 | | 섭 | 섭 |

| 과 | 거 | | 어 | 른 | | 자 | 두 | | 연 | 습 |

왼쪽에서 연한 글씨 위에 덮어쓰기 연습한 낱말을 바르게 써 보세요.

| 높고 | 빠른 | 학생 | 섭섭 |

| 과거 | 어른 | 자두 | 연습 |

 다음 낱말을 순서에 맞게 연한 글씨 위에 바르게 덮어 써 보세요.

정	리
정	리
정	리
정	리
정	리
정	리

소	리
소	리
소	리
소	리
소	리
소	리

닦	고
닦	고
닦	고
닦	고
닦	고
닦	고

깎	고
깎	고
깎	고
깎	고
깎	고
깎	고

낡	은
낡	은
낡	은
낡	은
낡	은
낡	은

진	흙
진	흙
진	흙
진	흙
진	흙
진	흙

친	척
친	척
친	척
친	척
친	척
친	척

생	활
생	활
생	활
생	활
생	활
생	활

왼쪽에서 연한 글씨 위에 덮어쓰기 연습한 낱말을 바르게 써 보세요.

정	리

소	리

닦	고

깎	고

낡	은

진	흙

친	척

생	활

다음 낱말을 순서에 맞게 연한 글씨 위에 바르게 덮어 써 보세요.

상	자
상	자
상	자
상	자
상	자
상	자

실	천
실	천
실	천
실	천
실	천
실	천

유	지
유	지
유	지
유	지
유	지
유	지

양	식
양	식
양	식
양	식
양	식
양	식

갯	벌
갯	벌
갯	벌
갯	벌
갯	벌
갯	벌

질	투
질	투
질	투
질	투
질	투
질	투

꽃	샘
꽃	샘
꽃	샘
꽃	샘
꽃	샘
꽃	샘

서	리
서	리
서	리
서	리
서	리
서	리

왼쪽에서 연한 글씨 위에 덮어쓰기 연습한 낱말을 바르게 써 보세요.

| 상자 | 실천 | 유지 | 양식 |

| 갯벌 | 질투 | 꽃샘 | 서리 |

 다음 낱말을 순서에 맞게 연한 글씨 위에 바르게 덮어 써 보세요.

끈	끈
끈	끈
끈	끈
끈	끈
끈	끈
끈	끈

쨍	쨍
쨍	쨍
쨍	쨍
쨍	쨍
쨍	쨍
쨍	쨍

몰	래
몰	래
몰	래
몰	래
몰	래
몰	래

짧	은
짧	은
짧	은
짧	은
짧	은
짧	은

풍	족
풍	족
풍	족
풍	족
풍	족
풍	족

기	억
기	억
기	억
기	억
기	억
기	억

양	보
양	보
양	보
양	보
양	보
양	보

표	현
표	현
표	현
표	현
표	현
표	현

왼쪽에서 연한 글씨 위에 덮어쓰기 연습한 낱말을 바르게 써 보세요.

| 끈끈 | 쨍쨍 | 몰래 | 짧은 |

| 풍족 | 기억 | 양보 | 표현 |

 다음 낱말을 순서에 맞게 연한 글씨 위에 바르게 덮어 써 보세요.

인	형
인	형
인	형
인	형
인	형
인	형

추	석
추	석
추	석
추	석
추	석
추	석

제	자
제	자
제	자
제	자
제	자
제	자

처	음
처	음
처	음
처	음
처	음
처	음

설	명
설	명
설	명
설	명
설	명
설	명

맨	발
맨	발
맨	발
맨	발
맨	발
맨	발

색	깔
색	깔
색	깔
색	깔
색	깔
색	깔

글	씨
글	씨
글	씨
글	씨
글	씨
글	씨

왼쪽에서 연한 글씨 위에 덮어쓰기 연습한 낱말을 바르게 써 보세요.

인	형

추	석

제	자

처	음

설	명

맨	발

색	깔

글	씨

 다음 낱말을 순서에 맞게 연한 글씨 위에 바르게 덮어 써 보세요.

시	각		강	판		음	악		투	병
시	각		강	판		음	악		투	병
시	각		강	판		음	악		투	병
시	각		강	판		음	악		투	병
시	각		강	판		음	악		투	병
시	각		강	판		음	악		투	병

침	묵		붕	대		거	실		안	구
침	묵		붕	대		거	실		안	구
침	묵		붕	대		거	실		안	구
침	묵		붕	대		거	실		안	구
침	묵		붕	대		거	실		안	구
침	묵		붕	대		거	실		안	구

왼쪽에서 연한 글씨 위에 덮어쓰기 연습한 낱말을 바르게 써 보세요.

시	각

강	판

음	악

투	병

침	묵

붕	대

거	실

안	구

다음 낱말을 순서에 맞게 연한 글씨 위에 바르게 덮어 써 보세요.

평	소
평	소
평	소
평	소
평	소
평	소

관	심
관	심
관	심
관	심
관	심
관	심

빨	개
빨	개
빨	개
빨	개
빨	개
빨	개

향	기
향	기
향	기
향	기
향	기
향	기

반	찬
반	찬
반	찬
반	찬
반	찬
반	찬

착	각
착	각
착	각
착	각
착	각
착	각

웃	음
웃	음
웃	음
웃	음
웃	음
웃	음

공	격
공	격
공	격
공	격
공	격
공	격

 왼쪽에서 연한 글씨 위에 덮어쓰기 연습한 낱말을 바르게 써 보세요.

평	소

관	심

빨	개

향	기

반	찬

착	각

웃	음

공	격

 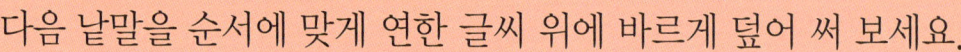
다음 낱말을 순서에 맞게 연한 글씨 위에 바르게 덮어 써 보세요.

분야	상큼	설탕	달콤

제국	기념	모습	사과

왼쪽에서 연한 글씨 위에 덮어쓰기 연습한 낱말을 바르게 써 보세요.

분	야

상	콤

설	탕

달	콤

제	국

기	념

모	습

사	과

연습이 부족하여 좀더 연습하고자
한다면 현보문화에서 발행한 한글쓰기
시리즈를 구입하여 연습하시길 바랍니다
매 장마다 별도의 투명한 종이 위에 따라 쓰기
연습을 충분히 할 수 있도록 하여 예쁘고 바르게
쓰는 습관이 되도록 하였습니다

한글쓰기-전 5 권

① 선긋기 , 지각능력 테스트 / 자음, 모음 익히기
② 낱말 익히기 / 받침 없는 낱말공부
③ 낱말 익히기 / 기본 받침 있는 낱말공부
④ 낱말 익히기 / 어려운 받침 있는 낱말공부
⑤ 문장 익히기

한글쓰기-전 3 권

(초급) 어려운 받침 있는 낱말과 문장 익히기
(중급) 소리, 모양, 색깔, 타는것, 반대말
　　　 몸의신체 등 낱말 익히기
(고급) ~를, ~을, 높임말 낱말과 문장 익히기